CHANSON DE MATIN

Edward Elgar, Op. 15, No. 2

sonore
mf
f
mf
p
sonore
p
cresc.
p
cresc.
f accel.
f accel.
allargando
ff Tempo I°
allargando
f Tempo I°
Ped.
Ped.
Ped. simile

p
pp
ten.
poco rit.
cresc.
dim.
dolciss.
accel.
a tempo
dolce
cresc.

f
dim.
f
dim.
p
Ped.
p
mf
dim.
p
8
pp molto cresc.
sostenuto
f
molto cresc.
pp
con Ped.
f
dim.
p
pizz.
f
dim.
p
cresc.
f

CHANSON DE NUIT

Edward Elgar, Op. 15, No. 1

10549

sf
mf
p
B
f
f poco string.
cresc.

dim. e rall.
ff
ff
dim. e rall.
p
C Tempo Iº
Tempo Iº
p
dim.
cresc.
cresc.
f
dim.
dim.

poco rit.
a tempo
D
Più lento.
p
espress.
poco cresc.
colla parte
a tempo
Più lento.
pp
Più lento.
pp
dim.
rit.
pp
dim.
Più lento.
pp
colla parte
E
dim.
Fine.
Ped.
Ped.
Ped.